글 이향안 그림 유설화

방귀스타
전학 오다!

위즈덤하우스

● 작가의 말 ●

배설물의 정체를 밝혀라!

우리 몸에서는 무언가가 쉼 없이 빠져나와요.
헉헉! 달리기를 하면 온몸에서 땀이 송골송골 나오고, 에취! 기침을 하면 침과 콧물이 튀어나오죠.
뽀오옹~ 방귀도 나오고, 엉엉! 울면 눈물이 줄줄!
어디 그뿐인가요? 매일매일 눠야 하는 똥과 오줌!

에이! 더럽다고요? 우리 몸에선 왜 이렇게 더러운 게 많이 나오느냐고요?
물론 고약한 냄새를 풍기는 똥과 오줌은 더럽게 느껴질 수도 있어요. 눈물이나 땀, 콧물 등도 귀찮지요. 그래서 차라리 이런 배설물들이 없어졌으면 좋겠다고 생각할 수도 있답니다.

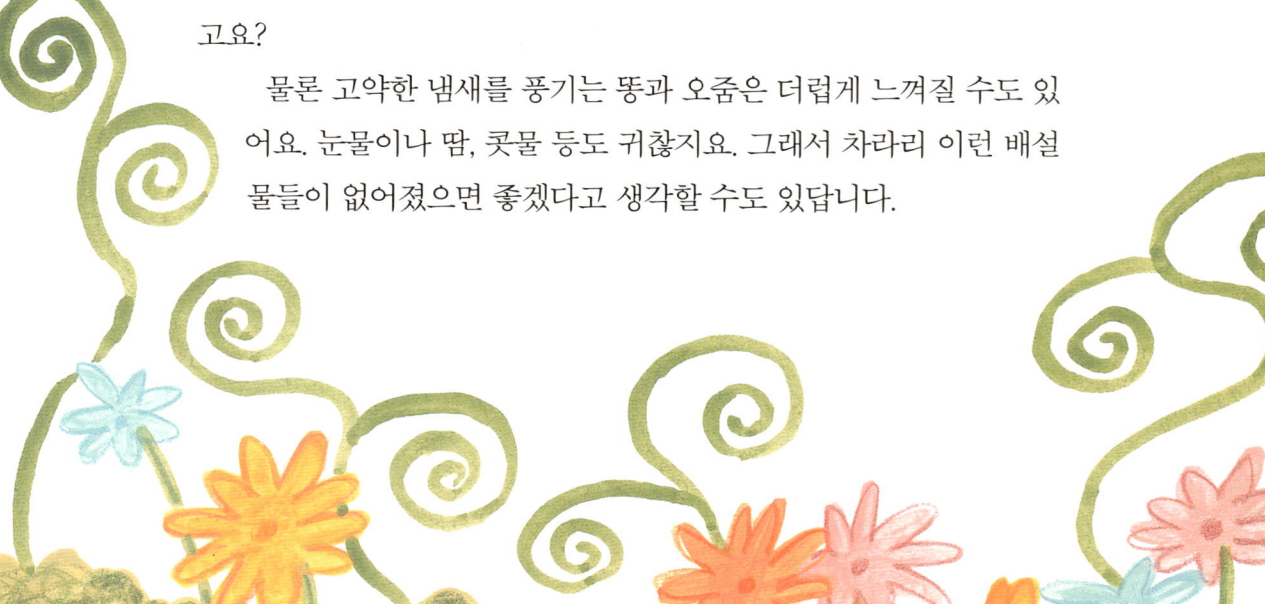

그런데 정말 우리 몸에서 배설물들이 나오지 않으면 어떤 일이 벌어질까요? 배설물들은 왜 우리 몸에서 나오고, 이런 배설물들은 어떤 성분으로 이루어진 걸까요?

《방귀 스타 전학 오다!》는 우리 친구들의 이런 궁금증을 풀어 주는 책이에요.

한 번의 실수로 '방귀 공주'라는 억울한 별명을 갖게 된 공진주!

원하는 방귀 소리를 마음대로 구사하는 방귀수!

입만 열면 침 대포를 발사하는 '튀어침' 두리!

땀 냄새를 술술 풍기며 다니는 '향기고' 고아름!

코딱지를 연신 떼어 내는 '코딱지' 정수 등…….

《방귀 스타 전학 오다!》 속에는 재미있는 친구들이 아주 많이 나오지요. 이 친구들을 통해 다양한 배설물과 재미있게 놀아 보세요.

재미있게 놀다 보면, 어느새 우리 몸속에서 쉼 없이 쏟아져 나오는 배설물들의 정체를 알게 될 테니까요. 그리고 그 순간 아마 깜짝 놀라게 될 거예요.

왜냐고요? 쉿! 그 이유는 여러분이 책 속에서 직접 찾아보세요!

이향안

● 차례 ●

작가의 말 배설물의 정체를 밝혀라!

방귀 공주는 괴로워! 8
똥은 어떻게 만들어질까?

난 너희와 달라! 20
침, 땀, 콧물, 눈물이 더럽다고?

방귀수의 방귀 마술 36
방귀에 대해 파헤쳐라!

몸 밖으로 나오는 건 다 싫어! 46
💩 '똥 박사' 방귀수의 무엇이든 물어보세요!

세상에서 제일 재미난 똥 놀이! 64
💩 노폐물을 밖으로 내보내는 고마운 오줌

내 방귀는 꽃 방귀! 80
💩 내 몸이 배설을 하지 않는다면?

선생님도 방귀쟁이 90
💩 배설물을 통한 건강 확인법

방귀 공주는 괴로워!

수업이 막 끝날 무렵이었다.

뽀오오옹~

교실 안에서 요란스럽게 울리는 이 소리는?

그랬다. 방귀 소리가 분명했다.

"히히히!"

교실 안은 웃음바다가 되었고, 순간 진주는 가슴이 철렁하고 내려앉았다.

'또 내가 그랬다고 하면 어쩌지? 정말 아닌데…….'

아니나 다를까, 아이들은 일제히 진주를 쳐다보며 외쳤다.

"방귀 공주, 공진주!"

마침 수업 내용마저 〈방귀쟁이 며느리〉일 게 뭐람. 아이들은 물 만난 물고기들처럼 신이 나서 '방귀 공주! 방귀 공주!'라며 합창을 했다.

　진주는 손을 내저으며 도리질을 했지만 소용없었다. 아무도 진주를 믿지 않는 눈치였다. 어쩌면 아이들에게 방귀를 뀐 진짜 범인이 누구인지는 중요하지 않을지도 모른다. 그저 공주병 공진주를 '방귀 공주'라고 놀려 대는 일이 신 나고 재미있는 것이리라.

　진주는 빨갛게 달아오른 얼굴로 고개를 푹 떨궜다.

　'나 아닌데, 진짜 아닌데…….'

　억울한 마음에 눈물까지 글썽 고였다. 방귀 공주라니! 예쁜 얼굴에 '공진주'라는 특별한 이름까지 가진 덕에 '공주'로 불리던 진주! 어쩌다 진주는 이런 말도 안 되는 별명을 갖게 되었을까?

　그러니까 그날은 새 학기가 시작되고 며칠이 지나지도 않은 때였다. 아침부터 '피식~ 피식~' 소리 없는 피식 방귀가 흘러나올 때부터 진주는 불안했다. 평소에는 방귀를 잘 뀌지도 않는 진주인데 말이다.

'이러다가 실수라도 하면 어쩌지?'

그런데 그 불안이 실제 상황이 될 줄이야!

점심을 먹고 시작된 5교시, 나른하게 쏟아지는 졸음에 잔뜩 힘을 줘서 막고 있던 엉덩이의 힘이 스르르 풀린 게 문제였다.

"뽀오오옹~"

순간, 진주는 화들짝 놀랐다. 졸음이 확 달아났다. 가슴이 콩콩 뛰었다. 졸음으로 스르르 감겼던 눈을 뜰 수조차 없었다.

'아이들이 내가 뀐 방귀란 걸 알면 어쩌지? 아냐, 모를 거야. 설마 나란 걸 상상이나 하겠어?'

하지만 슬쩍 눈을 뜬 순간, 진주는 엄청난 일이 벌어졌단 사실을 직감했다. 아이들 전체의 눈길이 진주를 향하고 있었다.

"으하하! 방귀쟁이 공진주!"

"이제 보니, 그냥 공주가 아니라 방귀 공주잖아."

아이들은 배꼽을 잡고 웃어 댔고, 그날부터 진주의 별명은 '방귀 공주'가 되었다.

　　진주의 불행은 여기서 끝나지 않았다. 그날따라 똥 냄새는 또 왜 그리 고약하던지. 아침부터 삶은 달걀을 두 개나 먹은 것이 문제의 발단인 것 같았다.

　'맞아! 달걀 때문이야. 단백질이 많은 음식을 먹으면 똥 냄새가 더 구려진대잖아.'

　언젠가 텔레비전에서 보았던 건강 상식 내용이 떠올랐다.

　똥 냄새를 만드는 것은 대장에 사는 세균들이라고 한다. 이 세균들이 음식물 속의 단백질을 분해할 때 생기는 것이 스카톨과 인돌, 황화수소 등인데, 이것들이 고약한 냄새의 원인이라고 텔레비전에 나왔던 의사 선생님이 말했었다. 그래서 단백질이 많이 든 음식을 먹는 육식 동물의 똥이 초식 동물의 똥보다 냄새가 더 심하다나.

　방귀의 원인도 알 것 같았다.

'우유도 너무 많이 마셨어. 그러니까 방귀를 평소보다 많이 뀐 거야.'

달걀을 먹다 보니, 목이 메어서 평소보다 두 배나 되는 우유를 마신 것이 문제였나 보다. 우리나라 사람들은 우유 속에 든 유당을 분해하는 효소가 적어서 우유를 마시면 방귀를 많이 뀔 가능성이 높다는 이야기도 텔레비전에서 들었다.

'아침에 달걀 안 먹을 거야. 우유도 한 잔만 마셔야지.'

그런 다짐을 하며 화장실 문을 열고 나온 순간이었다.

"으악! 구린내!"

순서를 기다리고 섰던 찬양이가 인상을 쓰며 소리쳤다. 하필 수다쟁이 찬양이가 문 앞에 서 있을 게 뭐람. 냄새가 좀 구린 건 사실이지만, 그렇게 비명까지 지를 정도는 아니었는데 말이다. 찬양이의 입을 막아 볼 틈도 없었다.

"으읔! 진주 쟤, 방귀 소리만 큰 줄 알았더니 똥 구린내도 지독해. 구린내 공주야!"

결국 그날 이후, 진주의 별명은 '방귀 공주', '구린내 공주'가 되었다.

진주는 억울했다. 진짜 억울했다. 어쩌다 하게 된 단 한 번의 실수가 이런 비참한 결과를 불러오다니!

그날 이후, 진주는 단호하게 결심했다. 방귀가 많이 나온다는 음식은 절대 먹지 않기! 학교 화장실도 절대 이용하지 않기! 어쩌다 나오는 방귀도 완전히 봉쇄하기!

하지만 그런 노력에도 아이들 머릿속에 박힌 기억은 좀체 지워지지 않았다. 방귀 소리만 나면 의심도 없이 진주를 지목했다. 화장실에서 구린내라도 나면 모두 진주를 보며

킥킥거렸다.

오늘도 진주는 억울하게 의심을 받고 있다.
"방귀 공주! 방귀 공주!"
아이들이 합창하듯 소리를 치자, 선생님은 교탁을 '탁!' 하는 소리가 나게 내리쳤다.
"진주인지 확실하지도 않잖아. 그리고 방귀를 뀌었다고 해서 그렇게 놀리는 건 옳지 않아. 방귀는 우리 몸에서 일어나는 자연스러운 생리 현상이잖아. 똥도 마찬가

"지야. 너희 중 방귀 안 뀌고 똥 안 누는 사람 있으면 어디 손들어 봐."

진주를 위한답시고 한 선생님의 말은 오히려 아이들을 자극했다.

"전 방귀 안 뀌는데요!"

"전 똥도 안 눠요!"

아이들은 짓궂은 표정들로 소리쳤고, 결국 교실 안은 다시 웃음바다가 되어 버렸다.

선생님은 이대로는 안 되겠다 싶었는지, 심각한 표정으로

소리쳤다.

"아무래도 너희에게 숙제를 하나 내 줘야겠구나. 똥과 방귀가 만들어지는 과정 알아 오기! 알았지?"

덤으로 생긴 숙제에도 아이들은 신이 났다.

"이 숙제는 진주가 제일 잘해 올 거야, 그렇지?"

진주는 또다시 고개를 떨구고 말았다. 어디 가서 실컷 울고 싶은 마음뿐이었다.

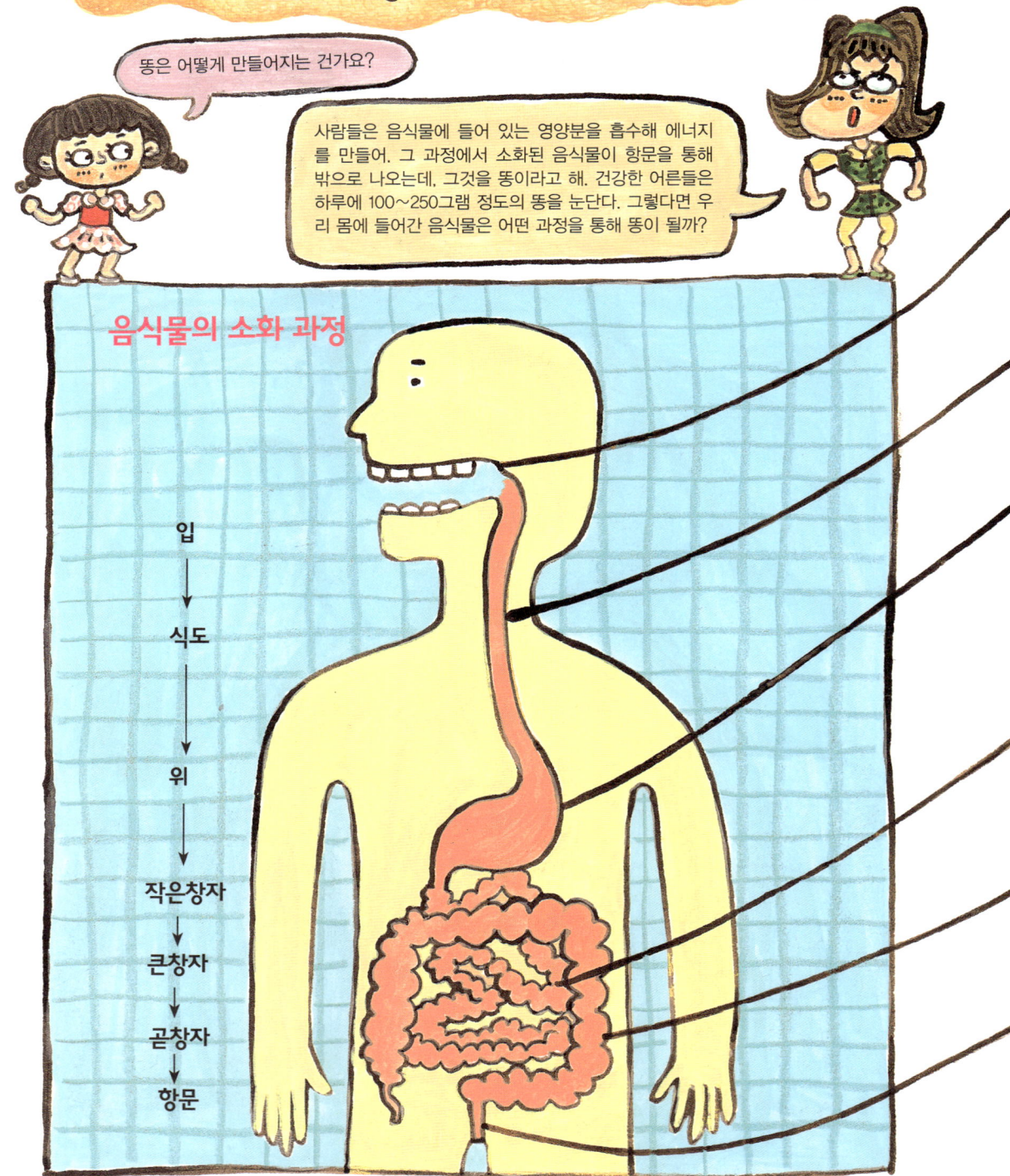

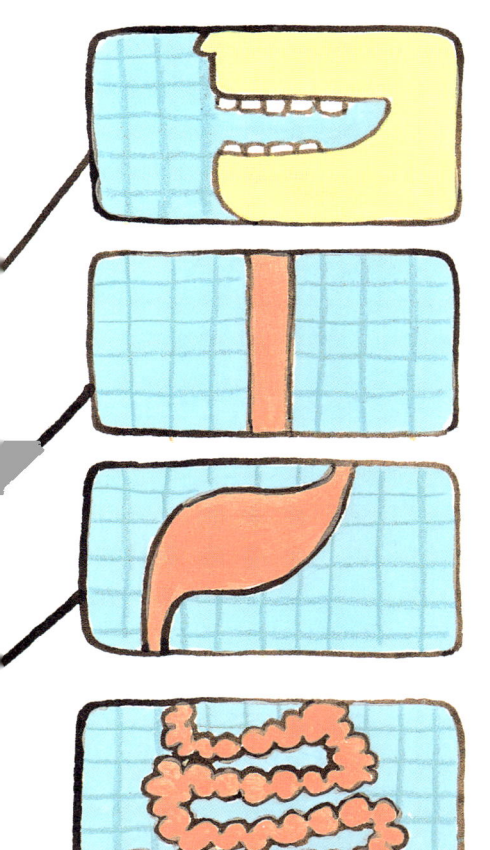

입 입은 소화가 시작되는 곳이야. 단단한 이는 음식을 조각내어 잘게 부수지. 이때 혀 밑과 옆에 있는 침샘이 침을 분비하는데, 침은 음식을 소화되기 쉬운 상태로 만들어 준단다.

식도 식도는 먹은 음식물을 위로 보내는 통로 역할을 해. 음식물이 식도에서 위로 내려가는 시간은 음식의 형태에 따라 차이가 나는데, 고체 형태는 5초 정도, 액체 형태는 0.4~1.5초 정도 걸린다고 해.

위 위는 본격적으로 소화가 시작되는 곳이야. 위에서는 다양한 종류의 위액이 분비되는데, 다양한 위액이 음식물에 섞인 세균이나 바이러스를 죽이고, 음식물을 소화되기 쉬운 상태로 만들어 주지.
위는 쭈글쭈글한 주름 상태로 되어 있어서, 음식물이 들어오면 20배 이상 커질 수도 있대.

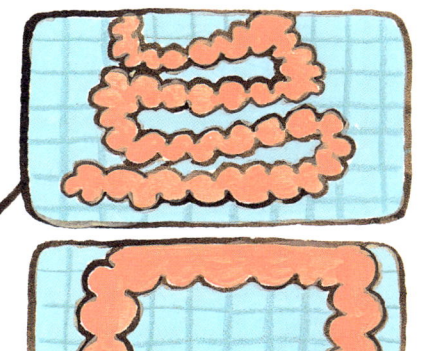

작은창자 작은창자는 들어온 음식물을 흡수되기 좋은 상태로 분해해. 그리고 작은 융털이 영양분을 흡수해서 온몸으로 보내는 역할을 한단다. 작은창자는 꼬불꼬불 꼬인 상태로 배 안에 가득 차 있는데, 그 길이가 사람 키의 다섯 배에 달한다고 해.

큰창자 큰창자로 들어온 음식물은 영양분이 거의 빠져나간 상태야. 큰창자는 그런 음식물에서 남은 수분을 흡수하지. 이때 남은 음식 찌꺼기들이 분해되면서 이산화탄소나 메탄, 수소 가스로 만들어지는데, 이것이 방귀가 되는 거지!

곧창자(곧은창자)와 항문 음식물 찌꺼기가 곧창자로 보내지면 항문이 열려. 항문은 소화 기관의 마지막 관문이지. 항문을 통해 몸 밖으로 나온 음식물 찌꺼기를 바로 '똥'이라고 부른단다.

똥에는 음식물이 소화되고 남은 찌꺼기와 장에서 벗겨진 세포, 백혈구, 박테리아 등이 섞여 있어.

난 너희와 달라!

점심시간이지만, 진주는 급식실에 가지 않았다. 입맛도 없지만, 밥을 먹고 나면 방귀라도 뀌게 될까 봐 겁이 났다. 혹시 똥이나 오줌이라도 마려우면 화장실에 안 갈 수는 없을 테고, 그러면 또 놀림을 당하게 될까 봐 겁이 났다. 대신 진주는 교실 뒤편에 있는 정원으로 나갔다.

정원에는 예쁜 꽃들이 한창 피어 있었다. 싱그러운 풀꽃 냄새가 코끝을 간질였다.

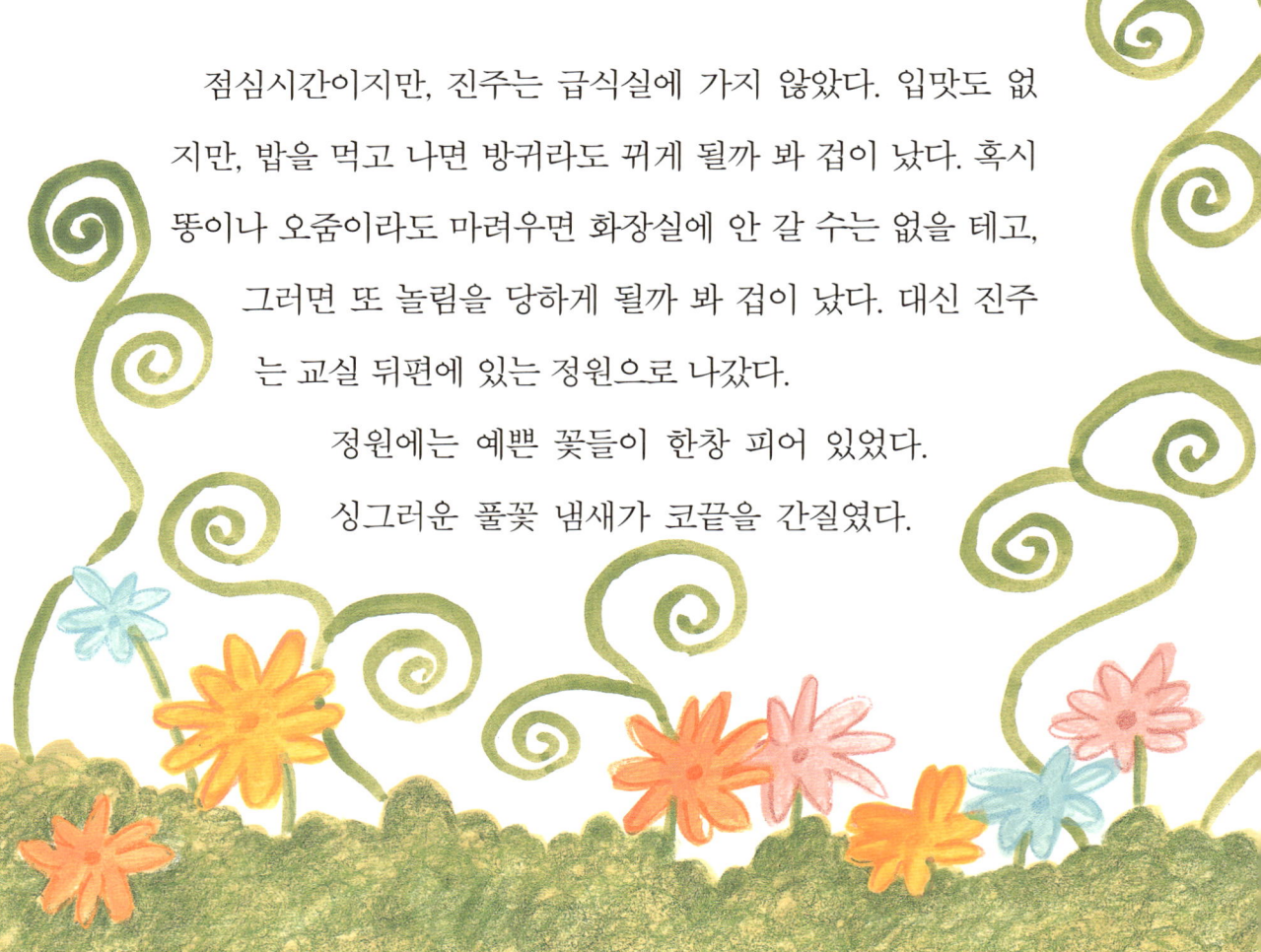

꽃향기를 맡으니 우울하던 마음도 좀 풀렸다.
 '방귀 냄새나 똥 냄새도 꽃향기처럼 향기로우면 얼마나 좋아!'
 문득 진주의 머릿속에서 상상력이 마구 나래를 펴기 시작했다.

 방귀를 뀌면서 서로 자랑하는 아이들!
 "내 방귀는 오늘 장미 방귀야. 음, 정말

향기로워!"

"난 튤립 방귄데. 내일은 코스모스 방귀 뀔 거야."

방귀 냄새가 꽃향기이기 때문이다. 어디 그뿐인가? 방귀 소리는 피아노 소리보다 아름답다.

"딩동 댕동 딩동댕~"

그래서 누군가 방귀를 뀌면 모두 소리에 맞춰 노래를 부른다. 방귀 뀌는 시간은 음악 시간이 된다.

그래도 가장 재미난 일은 화장실에서 벌어진다. 아이들이 누는 똥이 가장 신기한 구경거리이기 때문이다. 빨주노초파남보 가지각색의 고운 빛깔의 똥들은 그 모양도 재미나다. 동글동글 꽃 똥에, 뾰족뾰족 탑 똥, 뽀송뽀송 눈 똥도 있다. 그중에서도 알록달록 무지개 똥은 최고 인기 똥이다.

'아~ 진짜 그런 일이 벌어진다면 얼마나 좋을까?'

정말 그런 일이 생긴다면, 진주의 불행은 끝이 날 것이다. 아니, 처음부터 이런 불행은 시작되지도 않았을 텐데…….

진주가 즐거운 상상 놀이에 한창 빠져 있을 때였다.

"진주야, 너 벌써 점심 다 먹었어?"

다정한 목소리와 함께 다가오는 아이들이 보였다.

'으악! 저 애들은?'

순간, 진주는 움찔 놀라고 말았다.

맨 앞에 선 아이는 두리! 진주네 반에서 '튀어침'으로 불리는 아이다. 생긴 건 아이돌 수준인데, 입만 열면 쏟아지는 침! 침! 침!

그래서 아이들이 기피하는 인물 1호다.

그 뒤를 따라오는 고아름도 만만치 않다. 겨드랑이에서 솔솔 풍기는 이상한 땀 냄새 때문에 '향기고'로 불린다. 평소 땀은 또 어찌나 많은지, 손만 잡아도 흥건한 땀 때문에 상대방 손이 미끈거릴 정도다. 그런 이유로 기피 인물 2호가 되었다.

사실 진짜 문제는 고아름과 나란히 오는 정수! '코딱지'로 불리는 아이다. 비염 탓이라지만 늘 재채기와 콧물을 달고 사는 아이! 말라 버린 코딱지를 연신 떼어내다 보니 자연스럽게 코딱지로 불리게 되었다. 더 큰 문제는 정수가 제 코딱지를 부끄러워하지도 않는다는 사실이다. 돌돌 만 까만 코딱지를 손가락으로 톡톡 튕기며, "꼭 오징어 다리 같지? 킥킥!"이라고 말할 때에는 사흘 전에 먹은 밥까지 올라온다며 반 아이들 모두가 비명을 지른 적도 있었다. 물론, 정수는 기피 인물 3호가 되었다.

언제부터인가 기피 인물 1, 2, 3호는 '기피 3종 세트'로 불리게 되었는데, 두리, 아름이 그리고 정수는 그 사실을 별로 대수롭지 않게 생각하는 눈치였다. 그렇지 않다면, 저렇게 붙어 다닐 리가 없지 않은가.

그런 아이들이 진주에게 관심을 보이다니! 게다가 다가오는 아이들의 눈길은 왜 저리도 정겨울까? '너도 우리 편이야.'라고 말하는 듯했다.

진주는 가슴이 철렁 내려앉았다.

'저 아이들과 말이라도 잘못 섞었다간 기

피 인물 4호가 될 것이 분명해. 그럼 1, 2, 3호와 함께 '기피 4종 세트'로 불리겠지?'

진주는 당장에라도 고개를 내젓고만 싶었다.

'난 달라! 너희하고는 다르단 말이야!'

진주는 단 한 번의 실수를 했을 뿐이지 않은가. 늘 침을 흘리고, 땀 냄새를 풍기고, 코딱지를 후비는 아이들과는 다르다.

그런 진주의 마음은 짐작도 못 한 듯, 세 아이는 진주에게 가까이 다가왔다.

"진주야, 아까 속상했지?"

으아, 튀어침, 두리가 다가왔다.

순간 진주의 머릿속으로 이상한 세균들이 마구 그려졌다. 침으로 옮겨지는 세균들이 몸에 들러붙는 것 같았다.

"난 네가 억울한 거 다 알아. 아까 방귀 소리는 분명히 교실 앞쪽에서 들렸거든. 넌 뒷자리잖아."

이번엔 코딱지, 정수다. 콧물에도 병원균들이 우글거린다. 진주의 머릿속에 또다시 각종 세균들이 우글거리기 시작했다.

진주는 저도 모르게 뒷걸음질을 쳤다.

"수…… 수업 시작할 시간이네."

말까지 버벅거리며 진주는 냅다 교실을 향해 달렸다. 죽어도 '기피 4종 세트'가 되긴 싫었다.

그날 이후, 진주의 다짐은 더욱 단단해졌다.

'절대 학교 화장실은 가지 않을 거야. 방귀도 절대 뀌지 않을 거야.'

진주의 각오가 단단해진 데는 사실 똥 괴물 탓도 있었다.

똥 냄새와 방귀 냄새를 풀풀 풍기는 똥 괴물!

그날따라 아침부터 참았던 똥 때문에 진주는 얼굴마저 노래졌다. 더 이상 참을 수 없게 된 진주는 막 좋은 기회를 잡았다. 5교시가 시작되기 바로 직전의 화장실!

마침 5교시가 '학교 정원 탐구학습' 시간이라서 수업도 시작되기 전부터 아이들이 정원으로 달려 나간 터라, 복도는 텅 비어 있었다.

'그래! 화장실에 아무도 없을 거야. 지금이 기회야. 어서 똥을 누는 거야.'

진주는 화장실로 얼른 달려갔다.

역시! 화장실은 쥐죽은 듯 조용했다. 뿌우웅! 뿡! 진주가 연신 내놓는 방귀 소리만 요란했다.

진주가 화장실 칸 문을 벌컥 열 때였다.

헉! 화장실 안으로 보이는 검은 그림자!

'누구지?'

누군가 방귀 소리를 들었다면, 진주는 또다시 놀림감이 될 것이다. 진주의 가슴이 철렁 소리를 내며 내려앉았다.

그런데 이상했다. 그림자 뒤로 보여야 할 사람이 보이질 않지 뭔가.

　스멀스멀 움직이기 시작하는 그림자! 그림자는 시커먼 몸통에 형체를 알 수 없는 덩어리 같았다.

　진주는 저도 모르게 코를 손으로 틀어막으며 뒷걸음질을 쳤다. 덩어리에서는 지독한 악취가 풍겼다. 똥, 오줌, 방귀, 땀 등 세상의 모든 배설물이 뒤엉킨 냄새였다. 그렇다면 검은 덩어리의 정체는?

　그랬다. 똥 괴물이 분명했다.

　진주의 머릿속에 상상이 마구 나래를 폈다. 화장실에서 아이들이 내뿜은 방귀 냄새, 똥 냄새, 오줌 냄새들이 오랜 세월 동안 뒤엉킨 것이리라. 그것들이 어느 순간 괴물이 된 것이겠지.

　똥 괴물은 지금 아이를 찾고 있는 듯하다. 제 몸을 숨길 아이의 몸을 말이다. 지금 똥 괴물에게 잡힌다면 꼼짝없이 괴물의 먹잇감이 된다. 괴물은 진주의 몸속으로 들어가 버릴 테고, 진주의 몸에서 영원히 똥 냄새와 방귀 냄새가 진동할 것이다.

"안 돼! 절대 안 돼!"

순간, 진주의 방귀 소리마저 뚝 멈췄다. 나오려던 똥도 쏙 들어갔다. 온몸으로 오스스 소름이 돋았다.

진주는 화장실 문을 꽝 소리가 나게 닫아 버렸다. 그리고 운동장을 향해 냅다 달렸다.

'이제 절대 학교 화장실은 가지 않을 거야!'

진주의 얼굴은 하얗게 질려 버렸다.

침, 땀, 콧물, 눈물이 더럽다고?

음식물을 식도로 보내 주는 **침**

체온을 유지하게 해 주는 땀

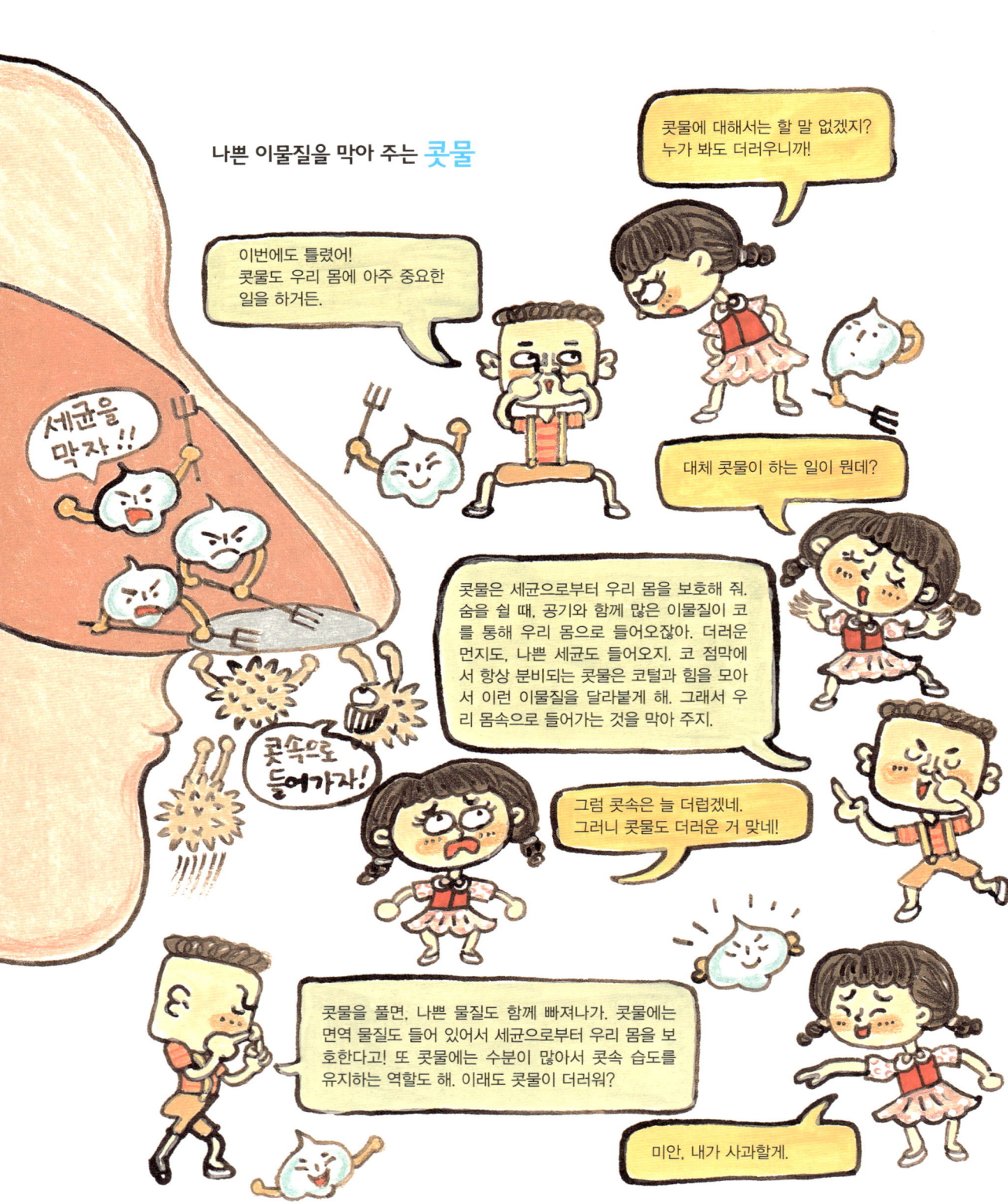

 방귀수의 방귀 마술

방귀수! 그 괴상한 녀석이 진주네 반에 나타난 것도 그 무렵이었다.

"우리 반에 새로 온 전학생이야. 이름은 방귀수."

선생님의 소개 인사에 교실 안은 빵 하고 웃음이 터졌다.

"이름이 방귀래."

낚싯감을 낚아챈 낚시꾼들처럼 아이들 얼굴에는 짓궂은 웃음이 줄줄 흘렀다. 그 녀석은 방귀수라는 이름만으로도 놀림감이 되기에 충분했으니까.

그런데 아이들의 웃음에도 귀수는 얼굴색 하나 변하지 않았

다. 오히려 히죽히죽 아이들을 따라 웃었다. 이름만큼이나 괴상한 녀석이었다.

헌데 그 녀석의 괴상함은 여기서 끝나지 않았다. 쉬는 시간이 되자마자, 귀수는 주변 아이들을 불러 모으더니 소리쳤다.

"지금부터 내가 진짜 재밌는 거 보여 줄게. 너희 삼단 방귀 알아?"

"뭐, 삼단 방귀? 그게 뭐야?"

귀수는 바로 삼단 방귀의 정체를 밝혀 주었다.

　뿡! 뿡! 뿡!

　세상에! 세 번에 걸쳐 튀어 오르는 방귀 소리!

아이들의 반응은 대단했다.

"우아!"

　마법사라도 본 듯 환호하는 아이들!

　귀수는 신이 났다.

"이번엔 진짜 특별해. 노래 불러 봐. 학

교 종이 땡땡땡 노래."

영문도 모른 채로 아이들은 노래를 불렀다.

뿡뿡뿡뿡! 뿡뿡뿡! 뿡뿡뿡뿡뿡!

세상에! 노래에 맞춰서 방귀를 뀌어 대는 방귀수!

진주는 생각했다.

'저 녀석, 이제 방귀 대장으로 불릴 거야. 아마 아이들 놀림 때문에 학교도 못 올걸?'

헌데 이게 웬일이람. 진주의 생각은 보기 좋게 빗나갔다. 방귀를 뀔수록 그 녀석의 인기는 치솟지 뭔가. 방귀수는 방귀 대장이 아니라, 방귀 스타가 되었다!

"내일은 오이 방귀 뀌어 줄게."

하교 시간이면 이상한 약속을 하는 녀석!

헌데 정말 다음 날 아침이면 오이 냄새가 스멀스멀 나는 방귀를 신 나게 뀌어 주었다. 그럼 아이들은 방귀 냄새가 구리다는 생각도 잊은 듯 환호성을 쳤다.

"내일은 무슨 방귀 뀌어 줄 건데?"

"내일은 고기 방귀 뀌어라, 응?"

며칠이 지나자, 귀수의 능력을 부러워하는 아이들까지 생겼다.

"어떻게 하면 되는 거야? 나도 방귀 마술 좀 알려 줘."

그러자, 귀수는 능청스럽게 말했다.

"방귀 마술은 보통 수련이 필요한 게 아니지. 너희는 어림도 없어. 대신 좀 쉬운 마술을 알려 줄게."

"쉬운 마술? 어떤 건데?"

"알록달록 똥 마술!"

"뭐? 똥 마술? 그게 뭔데?"

"똥색이 무슨 색이야?"

"똥색이 똥색이지 뭐. 누런 똥색!"

"내가 하라는 대로 하면 똥색도 바꿀 수 있어."
"어떻게?"
아이들의 눈이 호기심으로 반짝반짝 빛났다.
"이래 봬도 내 마술은 꽤 과학적이거든. 똥이 왜 누런색인지 알아?"
아이들이 도리질하자, 귀수는 그럴 듯하게 원리를 설명했다.
"우리 몸엔 쓸개라는 게 있는데, 거기서 나오는 쓸개즙 때문이래. 쓸개즙에는 빌리루빈이라는 노란 색소가 들어 있어서, 몸에 들어온 음식물이 이 색소와 섞여 소화되기 때문에 음식물의 색깔도 누렇게 변하는

거지. 그래서 똥도 누런색이 되는 거고."

"근데 어떻게 똥색을 바꿔?"

"그래도 먹은 음식의 색깔에 따라 똥색은 조금씩 바뀌거든. 고구마 먹으면 똥색이 황금색이 되잖아. 고구마처럼."

"맞아! 전에 토마토 먹고 나 빨간색 섞인 똥 눴어. 소화가 덜 된 토마토가 그냥 나왔거든. 킥킥!"

"그렇지! 당근 많이 먹으면 빨간색 똥! 시금치 많이 먹으면 초록색 똥! 그게 바로 알록달록 똥 마술이야."

"에이! 순 엉터리!"

아이들은 콧방귀를 뀌면서도 재미있어했다.

진주는 이상하기만 했다. 똥과 방귀 등의 더러운 이야기와 얽히는 순간, 그 아이는 놀림감이 되는 게 보통이다. '방귀 공주'로 불리는 진주처럼 말이다. 그런데 귀수는 오히려 그 반대였다. 방귀를 뀌어 댈수록 귀수의 인기는 올라갔다.

이상한 일은 또 있었다. 진주 또한 다른 아이들처럼 자꾸 귀수에 대한 호기심이 생긴다는 사실이었다.

'내일은 또 무슨 마술을 보여 줄까? 방귀로 풍선이라도 만들려나?'

게다가 진주는 웃는 날이 많아졌다. 방귀 공주로 불린 날 이후, 단 한 번도 웃지 못하던 진주였다. 하지만 귀수의 삼단 방귀 소리를 듣다 보면, 저도 몰래 킥킥하고 웃음이 터졌다.

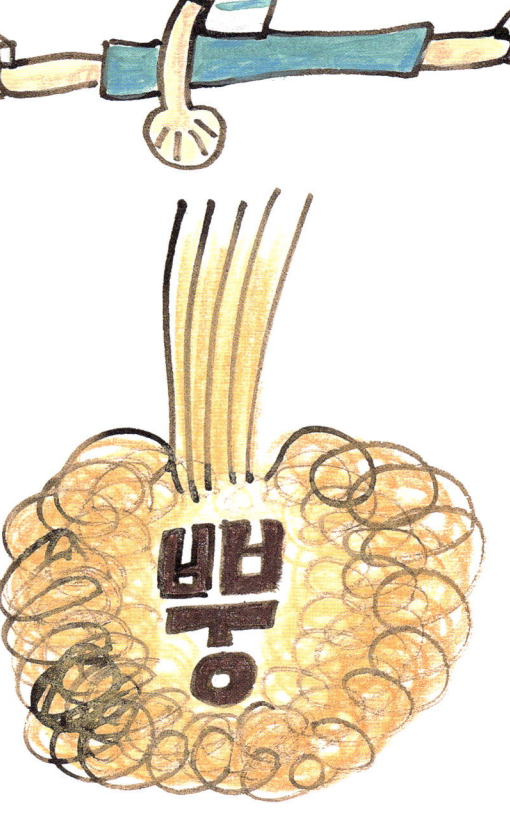

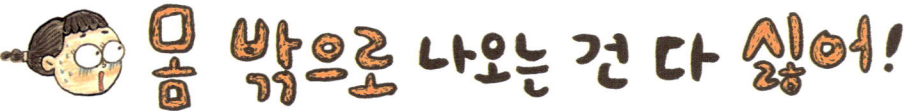 몸 밖으로 나오는 건 다 싫어!

'어떡하지?'

5교시를 알리는 수업 종이 울리자, 진주의 인상이 구겨진 종이처럼 찡그려졌다. 하필 5교시가 체육 시간일 게 뭐람.

학교 화장실을 가지 않게 된 뒤부터, 진주에게 체육 시간은 고난의 시간이나 다름없었다. 운동을 하다 보면, 참고 있던 방귀가 새어 나오는 것은 물론이고, 절로 장운동이 되면서 똥이 마려워지지 뭔가.

게다가 체육 시간은 그야말로 '기피 3종 세트'의 시간이나 마찬가지였다. 운동장 달리기부터가 문제다.

헉헉! 차오르는 숨을 내뱉다 보니, 침을 툭툭 날리는 튀어침, 두리!

줄줄! 땀범벅이 된 향기고, 아름이!

질질! 가쁜 숨에 콧물을 흘리는 코딱지, 정수!

싫다! 정말 싫다!

'몸 밖으로 나오는 건 다 싫어!'

진주는 몸서리를 쳤다. 똥, 오줌, 방귀, 땀, 콧물, 침까지 몸에서 나오는 건 다 싫다. 몸에서 아무것도 나오지 않으면 얼마나 좋을까?

그때였다.

뿡! 뿡! 뿡!

요란한 방귀 소리가 이어졌다. 그것도 줄줄 이어지는 줄 사탕 방귀였다. 진주는 가슴이 철렁했다.

"킥킥킥! 뭐냐? 단체 방귀야?"

회장인 민수가 소리치며 웃지 않았더라면, 진주는 또다시

고개를 푹 떨구고 말았을 것이다. 단체 방귀의 원인은 돈가스였다. 오늘은 급식 시간에 반찬으로 돈가스가 나왔다. 기름진 음식을 먹은 뒤라 소화가 잘 안 되던 아이들은 운동장을 두 바퀴 돌자마자, 일제히 방귀를 터트린 것이다. 단백질이 많은 음식을 먹은 뒤라서 그런지 냄새도 엄청나게 구렸다. 방귀수의 방귀 소리는 그중에서도 가장 컸다.

빵! 빠앙! 빵!

"으아~ 독한 돈가스 방귀다!"

  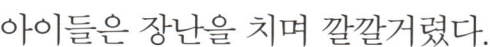

아이들은 장난을 치며 깔깔거렸다.

단 한 사람, 진주만 빼고서 말이다. 여기저기서 나는 소리다 보니 특별히 진주를 지목하지 않는데도, 진주는 괜스레 긴장되었다.

'그래도 내가 실수를 하면 또 놀려 댈 거야.'

진주는 낌새도 없는 방귀를 막기 위해 엉덩이에 잔뜩 힘을 주었다.

계속되는 방귀 소리에 선생님도 웃음이 터졌다. 한참 웃던 선생님이 미소를 머금은 채 말했다.

"여긴 운동장이니까 방귀 뀌고 싶으면 지금 맘껏 뀌어. 사실 방귀를 참는 건 몸에 좋지 않거든."

아이들은 고개를 갸웃거렸다.

"왜요?"

우리가 먹은 음식물이 창자 안에 사는 세균에 의해 분해되면서 발생한 가스가 바로 방귀잖아. 그래서 방귀 성분 속엔 벤조파이렌과 나이트로소아민이라고 하는 발암 물질들도 들어 있다고 해. 그런 물질이 섞인 가스가 밖으로 나오지 못하면 어떻게 되겠니? 가스가 혈액에 흡수되면서 우리 몸 구석구석을 오염시키게 되는 거지. 그러니까 방귀는 그때그때 뀌는 게 좋아.

"그럼 아무 때나 막 방귀를 뀌어야겠네요."

"그렇다고 해서 마구 뀌면 안 되지. 예절이라는 게 있잖아. 식사 시간이라든가, 조용한 도서실에서나 수업 시간에는 조심해야지. 대신 이렇게 밖으로 나왔을 땐 살짝 뀌어도 괜찮지 않을까?"

방귀수가 손을 번쩍 들며 질문을 한 건 그때였다.

선생님, 만약 방귀를 참아서 노폐물들이 밖으로 나오지 않으면 큰일 나겠네요? 그럼 방귀가 우리 몸을 건강하게 해 주는 거잖아요!

"맞아. 방귀뿐만이 아니지. 똥이나 오줌, 땀도 다 마찬가지야. 우리 몸에서 나오는 배설물들은 모두 나쁜 물질을 우리 몸 밖으로 내보내 주는 역할을 해. 그러니까 사실은 아주 고마운 것들이란다. 만약 이런 노폐물들이 우리 몸 밖으로 나오지 못한다면 어떻게 되겠니?"

선생님의 말에 진주는 얼굴을 찡그렸다. 고마운 것이라도 방귀는 싫다! 몸 밖으로 나오는 건 다 싫다! 정말 싫다!

진주의 머릿속으로 상상의 장면들이 마구 떠올랐다.

'두리의 입을 꼭 막아 버리면 어떨까? 그럼 침이 밖으로 나오지 않겠지? 아름이 몸의 땀 구멍들이 모두 막힌다면, 땀도 안 나올 거야. 정수도 코를 막아 버리는 게 좋겠어.'

다른 친구들도 상상의 나래를 마구 펼쳤다.

"킥킥! 우리 모두 똥구멍을 막아 버리면 어떻게 되는 거지?"

아이들의 상상은 자꾸 커졌다.

"킥킥! 진짜 웃기겠다."

아이들은 배꼽을 잡고 웃어 댔다.

아이들의 몸은 어느새 풍선이 되었다. 특히 방귀로 차 버린 아이들의 몸은 하늘로 날아올랐다. 학교 운동장은 순식간에 방귀 풍선으로 가득 찼다. 둥둥! 두둥둥!

"으악! 안 돼!"

그 순간 제 상상에 놀란 방귀수가 비명을 질러 댔고, 아이들은 일제히 상상에서 깨어났다.

"아휴! 다행이다!"

모두 안심하는 눈치였다.

뽕! 뽕! 뽕!

방귀 풍선이 되는 것을 막으려는 듯 아이들은 더욱 열심히 방귀를 뀌어 댔다.

진주만 빼고서

말이다.

'절대 방귀는 뀌지 않을 거야!'

진주는 입술을 굳게 깨물었다.

하지만 나오려는 똥을 참고, 방귀를 참는 일이 어디 쉬운가.

"윽!"

갑작스러운 배 통증에 진주는 인상을 쓰고 말았다.

사실, 그동안 학교에서는 화장실에 가지 않다 보니, 진주에게 몇 가지 이상 증상이 생겼다. 지독한 변비가 생겼고, 변비 때문인지 방귀를 참을 때마다 두통에 매스꺼움까지 생겼다.

오늘은 아침부터 그런 증상이 심해지더니 이젠 배까지 아파지기 시작한 것이다. 아픔을 참아 내느라 진주의 이마에 송골송골 땀이 맺혔다. 통증이 심해지면서 눈앞이 자꾸 하얘지려고 했다.

"운동장 한 바퀴 더 돌기!"

선생님의 고함 소리에 아이들이 다시 달리기를 시작하는 순간이었다.

아이들을 따라 달리려고 했지만, 진주는 발을 내딛을 수 없었다. 하얘지던 눈앞이 이젠 가물가물해졌다. 그러더니 온몸에 힘이 쑥 빠지며 눈앞이 까매져 버렸다.

풀썩! 결국 진주는 그 자리에 쓰러지고 말았다.

"진주야!"

"선생님, 진주 기절했어요!"

놀란 아이들의 고함 소리가 가물가물 멀어졌다.

"정신이 드니?"

양호 선생님의 다정한 목소리가 들렸다. 눈을 뜬 진주는 화들짝 놀랐다.

'왜 내가 양호실에 있는 거지?'

양호 선생님은 진주의 배를 만져 주며 말했다.

"놀랐지? 걱정하지 마. 별일 아니야. 그저 배에 가스가 찬 것뿐이거든."

그제야 진주는 자신이 처한 상황이 이해가 되었다. 변비 때문에 배에 가스가 가득 찼고, 그 때문에 진주는 잠시 정신을 잃은 것이다.

"근데 배에 가스가 아주 많이 찼어. 안 되겠다. 이 약 좀 먹어 봐. 가스를 빼 주는 약이야."

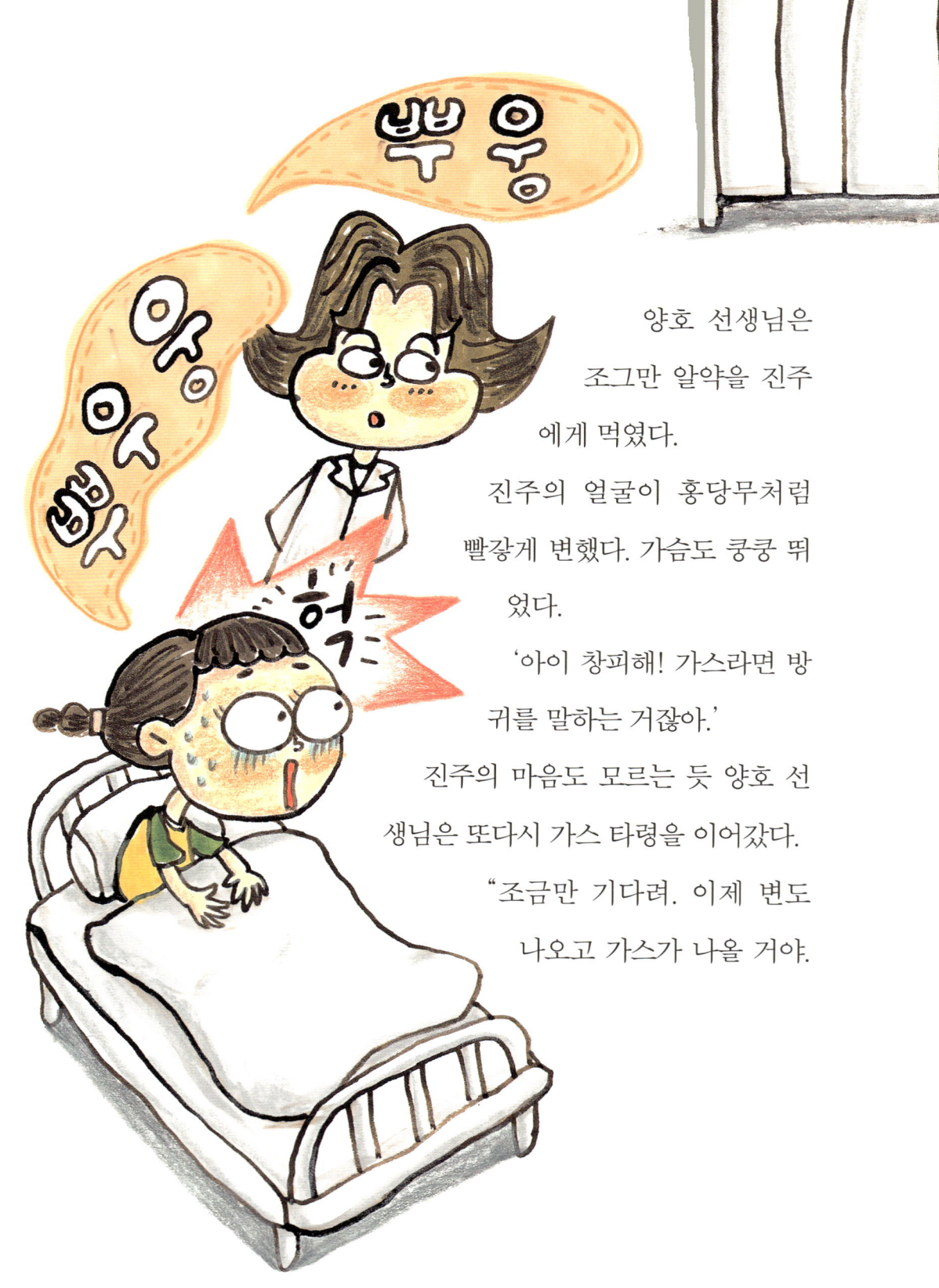

양호 선생님은 조그만 알약을 진주에게 먹였다.

진주의 얼굴이 홍당무처럼 빨갛게 변했다. 가슴도 쿵쿵 뛰었다.

'아이 창피해! 가스라면 방귀를 말하는 거잖아.'

진주의 마음도 모르는 듯 양호 선생님은 또다시 가스 타령을 이어갔다.

"조금만 기다려. 이제 변도 나오고 가스가 나올 거야.

그럼 속이 편해진단다."

양호 선생님의 말이 떨어지기가 무섭게 배에서 신호가 왔다. 꾸륵꾸륵, 이상한 소리와 함께 방귀가 마구 나왔다.

뿌우웅~ 뿌웅~!

참아볼 틈도 없었다. 진주의 얼굴은 다시 홍당무가 되었다.

"괜찮아. 방귀가 나와야 배가 안 아프지. 방귀는 창피한 게 아니야."

양호 선생님이 빙그레 웃었다. 정말 다행이었다. 만약 찬양이라도 있었다면? 상상만 해도 끔찍했다.

그때였다.

"방귀가 왜 창피해? 방귀 안 뀌는 사람도 있나?"

칸막이 커튼 사이로 누군가 쑥 들어왔다.

헉! 방귀수지 뭔가. 쓰러진 진주를 담임 선생님과 함께 부축하고 온 아이가 귀수였다. 선생님은 수업 때문에 다시 운동장으로 갔고, 대신 귀수가 남아 있었나 보다.

귀수를 본 순간, 진주의 얼굴은 하얗게 질려 버렸다. 귀수도 진주의 방귀 소리를 들었을 것이다. 진주가 기절한 이유가 배 안의 가스 탓이라는 것도 알아 버렸다.

똥을 참다가 가스 때문에 기절한 공주라니! 그럼 이제 진주의 별명은 '가스기절 공주'가 되는 것인가?

진주는 눈앞이 아득해졌다. 아이들의 비웃음 소리가 들리는 듯했다. 속상한 마음에 눈물까지 그렁그렁 고였다.

귀수가 검지를 입술에 갖다 대며 '쉿!' 하고 말한 건 바로 그 순간이었다.

"선생님, 근데 오늘 진주가 기절한 이유는 비밀로 해요. 약속해요!"

진주의 걱정을 눈치챈 귀수가 말했다.

"알았어. 약속!"

양호 선생님도 빙그레 웃으며 귀수와 손가락을 걸었다.

진주는 그제야 안심되었다. 문득 귀수가 생각보다 훨씬 괜찮은 아이일지도 모른다는 생각도 들었다.

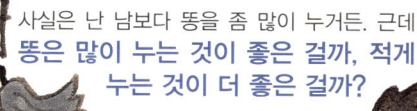

"사실은 난 남보다 똥을 좀 많이 누거든. 근데 **똥은 많이 누는 것이 좋을까, 적게 누는 것이 더 좋은 걸까?**"

"너 채소를 많이 먹는구나?"

"어? 어떻게 알았어?"

"고기보다 채소를 많이 먹는 사람이 똥을 많이 누거든. 채소 속 식이섬유는 우리 몸에 흡수되지 않기 때문에 그대로 똥과 섞여 나온대. 그래서 똥의 양이 많아지는 거지."

"그뿐 아니라 대장 운동을 원활하게 해 줘서 똥을 잘 누게 하는 거야. 식이섬유는 수분을 흡수하는 능력도 뛰어나서, 대장 안의 수분을 흡수해 똥의 부피를 늘리고 똥을 부드럽게 만든대."

"아하! 그러니까 똥을 많이 누는 사람이 건강하다는 거지?"

"그렇지. 건강한 어른은 하루에 100~250그램의 똥을 만든대. 이보다 많아도 전혀 걱정할 일은 아니야!"

"난 설사를 자주 해. 왜 그런 걸까?"

"설사는 소화가 잘 안 될 때 하게 되지. 그러니까 설사를 자주 하면 소화가 잘 안 되는 걸 수도 있어."

"기름기가 많은 음식도 피하는 게 좋아. 기름기가 많으면 소화가 잘 안 되고 설사를 하기 쉬워. 또 덜 익은 고기나 오래된 음식을 먹어도 그렇고. 그런 음식에는 박테리아나 바이러스, 독소 같은 것이 들어 있거든."

"아하! 내가 튀김을 좋아해서 그렇구나. 이젠 기름기 많은 건 먹지 말아야겠어. 그럼 변비는 왜 생겨?"

"딱딱한 똥을 변비라고 하잖아? 정상적인 식사를 하는데도 일주일에 똥을 2번 이하로 눈다면 변비가 확실해."

"원인은 여러 가지겠지만, 변비가 생기는 가장 큰 원인은 즉석 식품이나 섬유질이 없는 육류를 먹는 식습관 때문이래. 그러니까 변비는 섬유질이 많은 채소나 과일을 많이 먹으면 해결돼."

"참! 똥이 마려운 걸 자꾸 참아도 변비가 되니까, 똥은 바로바로 누도록 해. 알겠지?"

"넌 정말 이름 그대로 방귀수답다! 앞으로는 똥 박사로 불러 줄게!"

 세상에서 제일 재미난 똥 놀이!

종례가 막 끝나는 참이었다. 귀수가 아이들을 향해 이야기했다.

"내일 우리 집에 놀러 올 사람? 우리 아빠가 전학 기념으로 친구들 초대하라고 하셨거든."

내일은 토요일, 귀한 주말이라서인지 아이들의 반응은 시큰둥했다.

"생일도 아닌데 뭐……."

하지만 귀수가 다음 말을 뱉은 순간, 교실 안 분위기는 완전히 달라졌다.

"우리 집이 똥 박물관이거든. 재미난 똥들을 다 구경할 수 있지."

"뭐? 똥 박물관? 나는 갈래!"

기피 3종 세트는 약속이라도 한 듯 손을 번쩍 들었다.

"나도! 나도!"

아이들은 서로 가겠다면 난리법석이었다.

진주는 어처구니가 없었다. 똥 박물관이라니? 대체 저건 무슨 해괴한 소리람.

하지만 저도 모르게 스르르 손을 들고 만 진주! 상상쟁이 진주가 아닌가. 제 상상보다 더 재미난 귀수의 행동 때문에 호기심이 발동하고 말았다. 입만 열어도 재미난 귀수였다. 양호실에서 있었던 일은 입도 벙긋하지 않는 의리 있는 귀수였다. 그 애가 사는 집은 또 얼마나 재밌을까?

귀수네 집은 시내에서 한참 벗어난 외곽에 있었다. 찻길을 건너 시골 길처럼 생긴 길을 한참 들어가자, 농장처럼 펼쳐진

 귀수네 집이 나타났다. 닭이며, 돼지, 소 등 온갖 가축들이 보였다. 귀수 아빠와 엄마는 도심 외곽에서 농사를 지으며 가축을 기르는 농부였다. 귀수가 매일 아빠의 차로 등교하는 이유를 알 만했다.

 "똥 박물관이 어디 있어?"

 아이들은 박물관부터 찾았다. 하지만 둘러봐도 박물관처럼 생긴 건물은 보이지 않았다.

 그때였다.

 "어디긴? 여기 전체가 다 똥 박물관이지."

귀수의 아빠였다. 챙이 넓은 모자에 삽을 든 귀수 아빠는 가축우리 쪽으로 아이들을 데려갔다.

"저기 좀 보렴. 저게 바로 멧돼지 똥이야."

닭장 옆에 거무스레하고 둥글넓적한 똥이 보였다. 순간, 진주는 인상을 확 쓰고 말았다.

"뭐야? 가축 똥들 가지고 박물관이라고 한 거야?"

왠지 속은 느낌마저 들었다.

그런데 다른 아이들은 신기한 듯 멧돼지 똥을 살폈다.

"아저씨, 근데 멧돼지 똥이 왜 여기에 있어요?"

"밤마다 배고픈 멧돼지들이 농가로 내려오거든. 이것저것 주워 먹고는 이렇게 똥을 누고 간단다. 저기엔 고라니 똥도 있지."

"정말요? 어디요?"

아이들은 또 우르르 고라니 똥으로 몰려갔다. 고라니 똥은 멧돼지 똥보다 작고 까맸다.

귀수는 아예 나무 막대기까지 들고서 박물관 안내원이라도 된 듯 행동

했다.

"자, 여러분, 여기는 닭똥입니다. 냄새가 아주 구려요. 여기는 쇠똥, 그리고 저건 돼지 똥."

귀수는 가축우리마다 널린 똥을 대단한 전시물처럼 설명했다. 그럼 아이들은 '우아!' 하고 소리 지르며 신기하게 구경했다. 대체 더러운 똥 구경이 뭐 그리 재미있다고!

그런데 이상한 건 진주도 똥 구경이 싫지 않다는 거였다. 여기저기 떨어진 산새 똥들을 구경할 땐 어디선가 새소리가 들리는 듯해서 기분까지 좋았다.

"혹시 냄새가 좀 향기로운 똥은 없니?"

진주의 말에 귀수가 싱긋 웃었다.

"물론 있지!"

"정말?"

"하지만 지금은 볼 수 없어. 짝짓기 전, 어린 여왕벌의 똥은 아주 향기롭거든. 아쉽지만 우리 집에선 벌을 키우지 않아."

"그럼 너 여왕벌 똥 냄새 맡아 봤어?"

"아니! 소문만 들었지. 헤헤헤!"

귀수의 웃음에 아이들도 화르르 웃었다.

하지만 화장실 앞에 간 순간, 아이들의 웃음소리는 뚝 끊어지고 말았다.

"화장실이 뭐 저래?"

짚으로 둘러싸인 화장실은 물도 변기도 없었다. 화장실 안은 흙으로 되어 있었고, 조금 파인 부분에는 마른 나뭇잎과 짚들이 살짝 덮여 있었다.

"자, 지금부터 화장실 사용법을 알려 주마. 저기에 응가를 하는 거지. 그리고 여기 있는 겨를 덮어 두는 거야."

헉! 귀수 아빠의 설명에 진주는 두 눈이 휘둥그레졌다. 아이들도 아우성이었다.

"말도 안 돼요! 어떻게 저기서 똥을 눠요."

뒤가 급한 아이들은 발을 동동 굴렀다.

그러자 코딱지 정수가 척 나섰다.

"내가 시범을 보여 줄게. 우리 할머니 댁 화장실도 이렇게

생겼거든."

정수는 코를 두어 번 후비고 나서, 척 자세를 취했다.

"이렇게 똥을 누면, 귀수 아빠가 그 똥을 모아서 퇴비로 만들 거야."

귀수 아빠는 화장실 한쪽에 수북한 겨를 가리켰다.

"그래. 똥에 가랑잎이나 짚, 그리고 이 겨를 섞으면 훌륭한 퇴비가 되지. 너희도 알 거야. 옛날 사람들은 똥과 오줌을 거름으로 썼던 거 말이야."

진주도 수업 시간에 선생님께 들어서, 그 정도는 알고 있었다. 가랑잎이나 겨, 짚에 있는 미생물들이 똥을 썩게 하는데, 잘 썩은 똥은 기름진 거름이 된다는 사실을 말이다. 하지만 지금은 다르지 않은가. 더러운 똥거름으로 농사를 짓는 사람은 없을 것이다.

"물론 우리도 이렇게 만든 거름으로 농사를 짓진 않아. 비위생적이니까 말이야. 하지만 이렇게 퇴비를 만들어서 땅에 뿌리면 땅이 아주 기름지게 된단다. 게다가 자원도 절약하고, 환경 오염도 막을 수 있지."

"자원을 절약한다고요?"

"그래. 우리가 변기에 누는 똥과 오줌은 정화조를 거쳐, 분뇨 처리장에서 걸러져 다시 깨끗한 물로 바뀌잖아. 그런데 그 과정에서 똥의 50배나 되는 물이 필요하단다. 깨끗하게 처리하기 위해서는 비용도 엄청나게 들지. 그렇다고 똥과 오줌을 그냥 막 버릴 수도 없어. 그럼 얼마나 세상이 더러워지겠니?"

"아하! 그러니까 아저씨는 이렇게 똥과 오줌을 퇴비로 만들어서 땅에 뿌린다는 거지요? 그럼 땅도 비옥해지고, 돈도 안 들고, 환경도 지키니까 일거양득이다! 이거잖아요. 그렇죠?"

찬양이가 고개를 끄덕이며 말하자, 아저씨는 찬양이의 어깨를 토닥여 주었다.

"아주 똘똘하구나. 그럼 너도 시범을 보여 봐."

"예? 하지만…… 하지만……."

한참을 망설이던 찬양이는 어쩔 수 없이 화장실로 들어갔다. 잔뜩 알은체를 했으니 할 수 없는 일이었다.

'쌤통이다!'

진주는 고소한 땅콩이라도 씹은 기분이었다. 찬양이는 낯선 화장실에서 안절부절못하고 있겠지? 무섭고 더러워서 울음을 터트릴지도 모른다.

그런데 화장실에서 나오는 찬양이의 얼굴에서는 싱글싱글 웃음이 흐르지 뭔가.

"히야, 생각보다 재밌는 거 있지. 땅에다가 똥을 누니까 기분이 되게 이상해. 히히!"

뒤이어 들어간 아이들의 반응도 재미났다.

"꼭 타임머신 타고 조선 시대로 간 거 같아."

"난 내 똥 처음 본 거 있지. 고구마처럼 예쁘더라. 낄낄!"

아이들은 재미난 놀이라도 하듯, 똥 이야기를 했다. 그러더니 남자아이들은 아예 서너 명씩 한꺼번에 화장실에 들어가, 전봇대의 제비들처럼 나란히 앉아 똥을 누었다. 어느새 똥 누는 일이 놀이가 되었다.

하지만 진주는 화장실에 들어가지 않았다. 아무리 그래도 아이들이 있는 곳에서는 똥을 눌 자신이 없었다.

똥 놀이가 끝나자, 귀수 엄마가 맛있는 간식을 차려 주었다. 고구마와 감자가 푸짐히 준비되었다.

"이거 먹으면 황금 고구마 똥 누겠네."

"동그란 감자 똥도 보고 싶다."

아이들은 연신 똥 타령이었다. 그런데도 더러운 생각이 안 드는 게, 진주는 이상하기만 했다. 귀수네 아빠가 똥 이야기를 해 줄 땐 신이 나기까지 했다.

"옛날엔 말이야, 똥을 팔기도 했단다. 거름을 써야 하는데, 똥이 귀했거든. 1910년대엔 질이 좋은 똥은 한 섬에 30전, 덜 좋은 똥은 20전에 팔았다고 하지. 그러다 보니 다른 집에 갔다가도 똥이 마려우면 꼭 참고서 집까지 달려와 똥을 눴지. 그 귀한 거름을 딴 집에 줄 순 없으니까 말이야. 어디 그뿐이냐. 똥 도둑도 생겨났단다."

똥 도둑이란 말에 아이들은 웃음보를 터트리고 말았다.

"그럼 똥 장수는 이렇게 소리쳤겠네요. 똥 사세요! 똥! 질

좋고 구린 똥 사세요!"

 아이들은 똥 장수 흉내 내기에 흠뻑 빠졌다.

 똥 도둑 흉내를 내는 아이도 있었다. 보석이나 돈을 훔치듯 똥을 훔쳤다니! 진주는 상상만 해도 웃음이 나왔다.

 귀수 아빠의 똥 이야기는 전래동화보다 재미났다. 깔깔깔! 낄낄낄! 아이들은 재미난 이야기에 시간 가는 줄을 몰랐다.

노폐물을 밖으로 내보내는 고마운 오줌

오줌은 어떻게 만들어지는 거예요?

우리 몸속 혈액은 핏줄을 타고 몸을 순환한단다. 이때 여러 활동을 하면서 혈액에도 노폐물이 생기지. 이런 노폐물들이 몸속에서 쓰고 남은 수분과 함께 오줌이 되는 거야.

피에도 노폐물이 생기는구나!

혈액의 노폐물과 수분이 신장에서 걸러져서 방광 속에 괴어 있다가 요도를 통해 몸 밖으로 빠져나가는 게 바로 오줌이야!

오줌이 우리 몸 밖으로 나오는 길은 이렇단다.

신장 신장은 '콩팥'이라고도 부르는데, 우리 몸의 중요한 배설 기관이지. 몸속 에너지를 만드는 과정에서 생긴 노폐물과 불필요한 물질을 소변으로 배설하는 역할을 한단다.

요관 소변을 방광까지 전달해 주는 가늘고 기다란 관이야.

방광 방광은 소변을 저장하고 배출하는 기관이야. 방광은 근육으로 이루어진 주머니 모양인데, 성인을 기준으로 400~500cc 정도까지의 소변을 저장할 수 있지.

요도 방광 속에 모인 오줌은 요도를 통해 몸 밖으로 나오지.

내 방귀는 꽃 방귀!

 귀수네 집을 다녀오고 나서, 진주네 반에는 조그만 변화가 생겼다.
 방귀 소리나 땀, 침 등 배설물을 꼬투리 삼아 누군가를 놀리는 일이 사라졌다. 오히려 배설물은 아이들의 가장 재미난 이야깃거리가 되었다.
 "나 어제 냄새가 하나도 없는 방귀를 뀌었어. 소화가 진짜 잘됐다는 거지."
 "난 지독한 스컹크 방귀 뀌었는데. 삼겹살을 엄청나게 먹었거든. 낄낄!"

　가장 크게 변한 사람은 찬양이었다. 그동안 진주를 놀렸다는 사실을 후회하는 눈치였다. 게다가 찬양이는 진주가 학교 화장실을 사용하지 않는다는 사실을 눈치채고 있었다. 처음에는 그 모습도 우스웠는데, 이젠 미안한 마음이 더 컸다.

　"진주야, 전에 내가 너 놀린 거 정말 미안해. 대신 내가 너 도와줄게."

　사과까지 한 찬양이가 가장 먼저 한 일은 쉬는 시간에 진주를 화장실로 데리고 가는 일이었다.

　"진주야, 화장실 같이 가자."

사실 진주는 당황했지만, 찬양이가 스리슬쩍 팔짱을 끼며 미소로 끌어당기자, 차마 거절하지 못했다. 여자아이들 사이에서 화장실을 같이 가자는 건 '단짝 친구'가 되자는 말과 똑같다. 자신에게 호의를 표시하는 찬양이에게 매몰차게 굴고 싶지는 않았다.

사실 진주도 찬양이의 그런 행동이 싫지 않았다. 귀수네 집을 다녀온 뒤로 생각이 많이 바뀌었기 때문이다.

예전에는 더럽다고 느꼈던 똥, 방귀, 오줌, 이런 말들이 아무렇지 않게 느껴졌다.

"옛날 사람들은 똥을 '분'이라고 했어. 한자인 '똥 분(糞)' 자를 써서 나타냈던 거지. 그런데 '똥 분(糞)' 자를 잘 보렴. 쌀 미(米) 자와 다를 이(異) 자로 구성되어 있잖아. 똥은 쌀의 다른 모습이란 뜻이지. 맞는 말이지 않니? 우리가 먹은 음식물이 소화되어 항문으로 나오는 게 똥이니까, 밥이 곧 똥이고, 똥이 곧 밥이라고 생각한 거야. 그러니까 똥이 더럽다는 편견은 버리도록 해."

 귀수 아빠가 했던 말을 떠올리면 웃음이 나오면서도 고개가 끄덕여졌다. 그러면서 이런 의문이 생기기도 했다.
 '근데 난 왜 학교에서 방귀도 못 뀌고, 화장실도 못 가는 거지? 나쁜 짓을 하는 것도 아니고, 아주 자연스러운 생리 현상일 뿐인데 말이야.'
 어쩐지 자신이 바보스럽게 느껴지기도 했다. 그런 참에 찬양이가 팔짱을 끼며 다가온 것이다.
 "뭐 별로 화장실 가고 싶지는 않은데……. 그래도 네가 가고 싶다면 같이 가 줄게."

진주는 슬쩍 자존심을 세우며 찬양이를 따라나섰다.

하지만 막상 화장실 앞으로 다가가자, 가슴이 뛰었다. 혹시 똥 괴물이라도 나타나면 어쩌지? 요란한 방귀를 뀌어서 또 웃음거리가 되면 어쩌지? 갖가지 생각이 머릿속을 둥둥 떠다녔다. 그래도 진주는 용기를 내기로 했다.

'그래! 방귀나 똥 냄새를 두려워하는 건 바보 같은 짓이야!'

진주는 성큼 화장실 안으로 들어갔다. 다행히 똥 괴물은 나타나지 않았다.

"진주야, 너 먼저 볼일 봐."

찬양이가 양보까지 하며 화장실 칸 문도 열어 주었다.

오랜만에 학교 화장실 변기에 앉아 보니 기분이 새로웠다. 세 시간이나 참은 터라 오줌도 몹시 마려웠다. 힘을 주지 않아도 오줌이 술술 잘 나왔다. 오줌이 잘 나오니 맘도 편해졌다. 평소라면 지금쯤 참고 참은 오줌과의 전쟁으로 몸에서는 진땀이 흐르고, 마음은 지옥처럼 괴로웠을 텐데…….

스님들은 화장실을 해우소라고 말한다던 귀수 아빠의 말이 다시 떠올랐다.

"해우소란 생리적 걱정뿐만 아니라 마음의 근심까지 없애 주는 곳이란 뜻이지."

정말 그랬다. 시원하게 오줌을 눴으니, 이제 무슨 걱정이랴. 진주의 마음이 가랑잎처럼 가뿐했다. 오줌과 똥을 참느라 늘 벌겋게 상기됐던 얼굴이 오랜만에 뽀얗게 밝아졌.

진주가 문을 열고 나오자, 찬양이가 들어가며 귓속말로 속삭였다.

"난 아침에 식용 꽃 먹었어. 그러니까 문 앞에서 잠깐 기다려 봐."

"왜?"

진주가 고개를 갸웃거리자, 찬양이가 싱긋 웃으며 말했다.

"꽃 방귀 나올 거 아니냐고. 얼마나 향기가 좋겠어?"

진주는 '풋!' 하고 웃음을 터트리고 말았다. 꽃 방귀라니! 상상만 해도 웃음이 나왔다.

찬양이의 꽃 방귀는 정말 대단했다.
"뿌우웅~"
천둥 같은 소리에 화장실 안에 있던 아이들이 일제히 웃음을 터트릴 정도였다.

하지만 찬양이는 창피해하기는커녕, 문을 활짝 열며 크게 소리쳤다.

"아~ 시원하다! 어때 내 꽃 방귀 맛!"

사실 그건 꽃 방귀가 아니었다. 꽃을 먹었어도 방귀 냄새는 여전히 구렸다. 그래도 진주는 찬양이에게 엄지손가락을 들어 주었다.

"꽃 방귀 최고다!"

 선생님도 방귀쟁이!

뽀오오옹!

오늘도 진주네 반 교실에선 아침부터 방귀 소리가 요란했다. '누구야?' 하고 돌아보는 아이도 없었다. 모두 능청스럽게 방귀를 뀌고, 시침을 뚝 떼도 아무 일도 벌어지지 않는 교실! 아니, 아이들은 힘을 주어 일부러 방귀를 뀌어 대고 있었다. 방귀가 몸속에 떠돌면 건강에 해롭다는 핑계로 방귀 놀이를 하는 거였다.

여기서 두리가 뽀오옹 하면, 저기서 귀수가 뿡뿡!

저기서 찬양이가 삐오오옹 하면, 저만치서 아름이가 빵빵!

방귀 소리는 나날이 다양해졌다.

급기야 아이들 사이에서 이런 의견까지 나왔다.

"국어 시간에 읽은 〈방귀쟁이 며느리〉를 우리가 연극으로 해는 건 어때?"

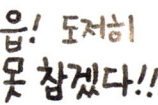

"야! 그거 재밌겠다!"

사실 〈방귀쟁이 며느리〉는 정말 재밌는 얘기였다. 시집을 온 방귀쟁이 며느리는 차마 남편과 시부모님 앞에서 방귀를 뀔 수가 없었다. 방귀를 참고 참다 보니, 나중에는 얼굴마저 노랗게 변해 버린 며느리!

결국 며느리는 시부모님과 남편에게 사실을 고백하게 되었고, 그동안 참고 참은 방귀를 뀌게 되는데, 그 소리와 방귀 바람이 얼

마나 셌던지 시아버지는 대청 기둥을 잡고, 시어머니는 쇠 솥뚜껑을 잡고, 남편은 대문짝을 잡고서 바람을 이겨 내야 했다나!

"이거 연극으로 하면, 진짜 재밌겠다! 킥킥!"

아이들은 잔뜩 기대에 찼다.

당황한 건 오히려 선생님이었다. 시도 때도 없이 울리는 방귀 소리에 선생님은 수업에 집중이 안 되는 눈치였다.

"얘들아, 지난번에 말했잖아. 방귀도 수업 시간에는 조심해야 하는 거라고."

결국 선생님은 교과서를 덮고, 예절 교육에 돌입했다. 이름하여 '배설물 예절 교육!'이다.

선생님의 등 뒤로 칠판에 적힌 글씨가 커다랗게 보였다.

"배설물은 자연스러운 생리 현상에서 나오는 것들이지. 그래도 지켜야 할 예절은 있는 거란다. 일단, 수업 시간처럼 많은 사람이 함께하는 자리에서는 조심해 줘! 그건 아주 기본적인 예의지. 식사 시간에도 참아 줘! 방귀를 뀌거나, 침을 튀기며 말하고 트림을 하는 건 식사 예절에서 아주 부적절한 행동이니까 말이야. 그리고 꼭 지킬 예절이 또 하나 있지. 화장실을 다녀온 후에는 꼭 손 씻기! 똥은 소화된 음식물 찌꺼기지만, 그 속에는 우리 몸에서 배출된 세균도 많이 들었거든. 우리 몸속에서 기생하는 기생충 알도 들어 있지. 오줌도 마찬가지야. 알았지?"

"예!"

아이들이 큰 소리로 대답하는 참이었다.

뽀오오옹!

어? 이 소리는? 교탁 쪽에서 났는데……. 그럼 혹시 선생님?

그랬다. 선생님이 자신도 모르게 뀌어 버린 방귀 소리였다. 교실 안은 금세 소란스러워졌다.

"우아? 선생님도 방귀 뀌어?"

"바보야! 그럼 선생님은 사람이 아니냐? 방귀도 뀌고 똥도 누지."

"와! 소리가 대단해. 우리 선생님 방귀 대장인가 봐."

저희들 방귀에는 이미 익숙한 아이들이지만, 선생님의 방귀 소리를 듣자, 또다시 장난기가 발동했다. 아이들의 쑥덕거리는 소리에 선생님의 얼굴은 빨갛다 못해 흙빛이 되었다.

진주가 소리친 건 그때였다.

"애들아, 〈방귀쟁이 며느리〉 연습해야지."

아이들의 관심을 돌리려는 진주의 꾀였다. 아이들의 짓궂은 말에 얼마나 상처를 받을 수 있는지, 이미 경험한 진주였다. 선생님의 당혹스러운 마음을 충분히 짐작했다.

아이들의 반응도 뜨거웠다.

"재밌겠다! 당장 해 보자."

"근데 주인공 방귀쟁이 며느리는 누가 해?"

그 순간 진주는 '아차!' 싶었다. 하지만 이미 늦은 후회였다.

"누구긴 누구야. 방귀 공주 공진주가 딱 맞지. 헤헤헤!"

'방귀 공주'의 악몽이 되살아나는 것인가?

하지만 예전의 진주가 아니었다.

"좋아! 내가 할게."

진주는 기분 좋게 고개를 끄덕였다.

어쩌면 이번에는 진주의 별명이 '방귀쟁이 며느리'로 바뀔지도 모른다. 또다시 진주의 별명에 방귀가 들어가게 된다.

'그럼 뭐 어때?'

이제 그렇다 해도 진주는 신경 쓰지 않을 것이다. 그 정도 배짱은 든든한 진주였다.

그런데 문제는 엉뚱한 곳에서 발생했다.

"이 대사를 할 때 방귀를 뀌어야 하는데, 지금 난 방귀가 안 나와."

제때 딱 맞춰서 방귀를 뀌는 게 문제였다.

"우리가 입으로 소리를 내 줄게. 뽕!뽕! 이렇게!"

코딱지 정수와 튀어침 두리가 손을 번쩍 들었다. 하지만 향기고 아름이가 고개를 절레절레 흔들었다.

"그건 실감이 안 나잖아."

그때였다. 방귀수가 앞으로 척 나섰다.

"걱정하지 마. 내가 있잖아!"

드디어 연극이 시작되었다.

방귀쟁이 며느리가 된 진주는 제대로 연기를 해낼 수 있었다. 시부모님 앞에서 방귀를 뀌지 못하고 참으며 괴로워하는 며느리 마음을 진주만큼 아는 사람이 또 있을까?

방귀쟁이 며느리는 더 이상은 참을 수가 없게 되었다. 드디어 방귀 발사!

진주는 엉덩이를 뒤로 한껏 내밀며 커튼 쪽을 향해 눈짓했다. 그 순간 커튼 뒤에 숨었던 방귀수가 불끈 힘을 주었고, 교실에서는 천둥 같은 소리가 터졌다.

뿡!

예상치 못한 엄청난 방귀 소리였다!

너무 놀라 입을 쩍 벌리고 선 아이, 귀를 막고 놀란 아이, 책상 밑으로 숨은 아이도 있었다.

그리고 다음 순간이었다.

"으하하!"

아이들은 일제히 웃음을 터트렸다. 아이들도 진주도 배를 잡고 웃었다.

"내 방귀 소리가 그렇게 웃겼어?"

방귀수는 뒤통수를 긁적이며 피식 웃었다.

"아마 다른 반에선 폭탄이 터질 줄 알 거다."

선생님도 애써 참았던 웃음보를 터트리고 말았다.

호호호!

깔깔깔!

킥킥킥!

아이들의 웃음소리는 귀수의 방귀 소리를 따라 멀리멀리 퍼져갔다.

비호감이 호감 되는 생활과학 05
방귀 스타 전학 오다!

초판 1쇄 발행 2013년 9월 23일 **초판 5쇄 발행** 2021년 1월 8일

글 이향안 **그림** 유설화

펴낸이 연준혁 **출판부문장** 이승현 **편집 1본부 본부장** 배민수
편집 5부서 부서장 김문주 **편집** 김숙영 **디자인** 마루·한

펴낸곳 ㈜위즈덤하우스 **출판등록** 2000년 5월 23일 제13-1071호
제조국 대한민국 **주소** 경기도 고양시 일산동구 정발산로 43-20 센트럴프라자 6층
전화 031)936-4000 **팩스** 031)903-3893 **홈페이지** www.wisdomhouse.co.kr

ⓒ이향안, 2013
ISBN 978-89-6247-389-6 74400   ISBN 978-89-6247-344-5(세트)

* 이 책의 전부 또는 일부 내용을 재사용하려면 반드시 사전에 저작권자와 ㈜위즈덤하우스의 동의를 받아야 합니다.
* 인쇄·제작 및 유통상의 파본 도서는 구입하신 서점에서 바꿔드립니다.
* 책값은 뒤표지에 있습니다.
* 이 책의 사용 연령은 8~13세입니다.
* 스콜라는 ㈜위즈덤하우스의 아동·청소년 브랜드입니다.

이 도서의 국립중앙도서관 출판예정도서목록(CIP)은 서지정보유통지원시스템 홈페이지(http://seoji.nl.go.kr)와 국가자료종합목록시스템(http://www.nl.go.kr/kolisnet)에서 이용하실 수 있습니다. (CIP제어번호: CIP2013015769)